PROMENADES AMUSANTES

d'une jeune Famille

Dans les Environs de Paris.

1816.

Le départ de la jeune famille.

PROMENADES AMUSANTES

d'une jeune Famille

dans les environs de Paris,

avec des remarques historiques et des anecdotes sur les lieux les plus célèbres.

— Orné de jolies Gravures. —

Platon instruisait ses élèves dans des promenades champêtres.

A PARIS

Chez { LECERF *Graveur, Rue des Noyers, N.º 32.*
BLANCHARD *Libraire, Gal.^{ie} Montesquieu, au Sage Franklin.*
CHANSON *Imprim.^t Libraire, Rue et Hôtel des Mathurins.*

Le bon Monarque les fit approcher de sa personne.

S.t Cloud.

VOYAGE A SAINT-CLOUD.

M. Senneval avait promis à sa petite famille que, si elle était bien sage pendant la semaine, et si elle étudiait bien ses leçons, il la conduirait, le dimanche suivant, à la fête de Saint-Cloud. Auguste, Félix et la petite Angélique ne négligèrent rien de ce qui pouvait contenter leur papa. C'était d'ailleurs des enfans très-studieux, qui remplissaient tous leurs devoirs avec plaisir, sans qu'il fût besoin de leur parler de récompense.

Le jour de la fête arrive; le temps était superbe et les enfans pleins de joie. M. Senneval se dirigea avec eux vers le pont Royal, où ils s'embarquèrent sur la galiote. Ce fut encore un nouveau sujet de joie pour les enfans de faire ce trajet par eau; c'était la première fois qu'ils voyageaient ainsi.

Bientôt les chevaux sont attelés, le signal du départ est donné, et la galiote vogue sur la Seine. Les enfans sautaient de joie autour de leur père. « C'est singulier, dit la petite Angélique, que l'on emploie des chevaux pour conduire ce bâtiment. — Ma fille, reprit M. Senneval, il est trop lourd et trop chargé pour être conduit à force de rames, et le seul courant de la Seine ne le ferait pas avancer assez rapidement. — Qu'est-ce donc qui fait marcher sur la mer les vaisseaux qui sont bien plus gros que la galiote? demanda Félix. — Mon fils c'est la force du vent qui souffle dans les voiles que l'on déploie à cet effet : c'est pourquoi il arrive souvent que des vaisseaux sont long-temps en route, parce que le temps est trop calme, ou que les vents sont contraires ».

Le père de famille s'entretint ainsi avec ses enfans, et leur donna des détails sur la navigation jusqu'au moment où la galiote aborda à Sèvres. On débarqua, et M. Senneval conduisit ses enfans dans le parc de Saint-Cloud. Les eaux ne jouaient pas encore. En attendant ce moment, la petite famille alla promener du côté de Bellevue. M. Senneval fit remarquer à ses enfans le tableau magnifique qui se déploie à l'œil de dessus ce site enchanteur. « Des écoliers, leur dit-il, furent un jour bien contens en venant se promener ici. Ils eurent le bonheur de rencontrer Louis XVI, qui se rendait au château de Bellevue, où résidaient *Mesdames*, ses tantes. La petite troupe le salua par des acclamations réitérées de *vive le Roi!* Louis XVI avait beaucoup étudié dans sa jeunesse; aussi était-il fort instruit. Il aimait beaucoup les enfans studieux. Il fit entrer ceux-ci dans le château, où il ordonna qu'on les laissât jouer tout à leur aise. Nos écoliers, profitant de la permission, firent aussitôt une partie de barres en présence du monarque, qui voulut bien présider à leurs jeux, et adjugea lui-même le prix de la course aux vainqueurs. Quand ils eurent bien joué ce bon monarque les fit approcher de sa personne et questionna chacun d'eux sur sa famille, sur ses études. Voilà de ces circonstances où l'on se trouve bien heureux d'avoir travaillé avec zèle; les écoliers, qui avaient été laborieux purent répondre avec justesse aux questions du Roi, et il leur en témoigna toute sa satisfaction. Je suis bien sûr que, s'il se trouva parmi eux de petits paresseux, ceux-là se tinrent honteusement à l'écart, et ne jouirent pas de l'insigne honneur de parler au Roi. Mes enfans, ne négligez aucun moyen de vous instruire ; mille circonstances dans la vie vous prouveront l'avantage d'avoir bien employé le temps de la jeunesse ».

Auguste, Félix et la petite Angélique embrassèrent leur père, en lui promettant d'étudier avec plus de zèle que jamais. On regagna le parc de Saint-Cloud, et les enfans furent dans l'enchantement à la vue de la superbe cascade et du fameux jet d'eau. Ils ne se lassaient pas d'admirer ces magnifiques travaux des hommes, qui ne sont pourtant que de faibles imitations des grands effets de la nature.

En revenant à Paris, M. Senneval parla à ses enfans de la célèbre cascade du Rhin à Schaffouse, des fameuses cataractes du Nil, du saut du Niagara, du jet d'eau naturel de la source du Geyser (1). La petite famille n'eut qu'un regret dans cette belle journée, ce fut de la voir s'écouler si vite : mais elle fut au comble de la joie lorsque M. Senneval lui promit de consacrer une quinzaine de jours à voyager ainsi dans les environs de Paris, pour la récompenser de ses travaux de l'année.

---

(1) On peut voir la description de ces merveilles dans un ouvrage nouveau, intitulé *les Beautés de la Nature dans les quatre parties du monde*, par A. ANTOINE.

VOYAGE A LAGNY.

« Depuis long-temps, dit M. Senneval à ses enfans, votre oncle de Lagny me prie de vous y conduire pour y passer quelques jours ; nous allons entreprendre ce voyage aujourd'hui même. Faites vîte vos apprêts pour cela. Les enfans ne se le firent pas répéter. « Ah ! quelle joie, disaient-ils, de revoir ce bon oncle, et puis notre cousin Jules et notre cousine Adèle ! Comme nous allons jouer ensemble » !

On alla prendre la voiture rue Saint-Paul, et voilà la petite famille en route. « Papa, dit Auguste, tu connais sans doute la belle promenade du Chariot-d'Or; notre cousin nous en a beaucoup parlé, et a promis de nous y conduire. — Votre cousin, reprit M. Senneval, vous a-t-il aussi prévenu de la demande indiscrète qu'il faut bien se garder de faire dans cette ville, savoir : *Combien vaut l'orge ?* — Non, répondit Angélique; quelle indiscrétion peut-il y avoir à faire cette question ? — Une très-grande ; les habitans sont dans l'usage de se précipiter sur le questionneur, de le traîner à la fontaine qui est au milieu de la ville, et de le plonger dans l'eau. — Pourquoi donc cela? demanda Félix. — En voici la raison, reprit M. Senneval : dans le temps des guerres civiles, les habitans de Lagny s'étant révoltés, on fit marcher contre eux des troupes, commandées par un capitaine, nommé *de Lorges*. Non-seulement le peuple se défendit vivement, mais il insulta le capitaine en jetant du haut des murs des

J'allais être plongé dans le fatal bassin.

sacs pleins d'orge, et criant aux soldats que c'était pour leur commandant. Ce capitaine, indigné, donna l'assaut, et parvint dans la ville, où tous les hommes en état de porter les armes furent massacrés, et les femmes livrées à la violence et à la brutalité des soldats. De sorte que les habitans ne veulent pas qu'on leur rappelle cette circonstance, en leur demandant avec ironie combien vaut l'orge. — Par conséquent on n'en vend point dans cette ville? demanda Angélique. — Tout comme ailleurs, lui dit son père; mais, lorsqu'on en demande le prix, il faut avoir la main dans le sac. — Il est bon d'être prévenu, dirent les enfans; notre cousin ne nous avait pas parlé de cela.

» — Si je l'eusse été comme vous, dit un vieillard qui se trouvait dans la voiture, je n'aurais pas fait l'épreuve de la fatale vengeance. — Comment! vous avez été victime de cet usage? dit M. Senneval en lui adressant la parole. — Oui, Monsieur, répondit le vieillard; et je vais vous raconter cela, afin que vos enfans soient bien prémunis.

» Passant, très-jeune encore, à Lagny, avec quelques camarades de mon âge, ils m'excitèrent à demander combien valait l'orge. Je n'eus pas plutôt fait la question, que plusieurs femmes m'assaillirent; je me sauvai à travers les rues de la ville : mais les cris de l'*orge! l'orge!* me devançant dans ma course, les ouvriers me jetaient, de leurs boutiques, des chaises, des balais, tout ce qu'ils trouvaient sous leurs mains. Voyant que le chemin allait m'être barré, je n'eus que le temps de me réfugier dans l'auberge de l'*Ours,* qui se trouvait près de moi. J'y fus poursuivi de si près, qu'on s'empara de ma personne. On me conduisit sur la place de la fontaine. Un porte-faix, d'un bras nerveux, me tenait en l'air; après avoir fait le tour de la fontaine, j'allais être plongé dans le fatal bassin........ quand l'aubergiste accourut à mon secours. L'homme qui me tenait me posa à terre; et pendant la discussion je me sauvai dans une maison voisine.

» De la chambre où j'étais renfermé, j'examinai, à travers le vitrage de la fenêtre, ce qui se passait dans la rue. Il y avait plus de quinze cents personnes d'attroupées. La nuit les ayant obligées de se disperser, il resta devant la maison une trentaine d'hommes qui y montèrent la garde. Je passai cette nuit dans des transes cruelles. Le lendemain il se forma de nouveaux attroupemens, et ce ne fut qu'au moyen d'un déguisement que je parvins à sortir de cette maison. Mon retour chez moi fut suivi d'une maladie grave, qui n'eut d'autre cause que le saisissement que m'avait causé cette aventure. Ainsi, mes petits amis, soyez plus prudens que moi.

» — Vous voyez, mes enfans, dit M. Senneval, qu'il faut respecter les usages de tous les pays où l'on se trouve; qu'il ne faut jamais rien hasarder, soit dans ses actions, soit dans ses paroles; et que l'on est presque toujours victime de sa témérité, ou au moins de son imprudence, lorsqu'on veut choquer quelqu'un ».

Les enfans promirent d'être toujours circonspects dans leur conduite, et, pendant trois jours qu'ils restèrent à Lagny, ils se gardèrent bien en effet de tout ce qui aurait pu troubler la joie d'un aussi joli voyage.

Venez ma bonne, vous avez cent écus de rente.

VOYAGE A CHARONNE.

M. Senneval ayant été occupé une partie de la matinée, dit à ses enfans : « Nous ne pouvons pas faire une excursion lointaine; j'ai un ami à Charonne, allons le voir, cela nous fera un but de promenade ». La petite famille, qui craignait de ne point sortir ce jour-là, fut enchantée de la proposition et partit avec joie. Ils traversèrent une partie du faubourg Saint-Antoine, en remarquant l'activité de ses laborieux habitans.

Arrivé à Charonne, M. Senneval ne trouva point chez lui l'ami à qui il venait rendre visite. Il se promena avec sa petite famille dans les environs. Rien n'excite l'appétit comme ces courses champêtres. « Je veux que nous fassions un vrai dîner de campagne, dit M. Senneval à ses enfans; un rôti, avec une salade, que nous mangerons sous un berceau de verdure; cela vous convient-il? — Ah! papa, cela sera délicieux, dit Auguste. — Je n'aurai jamais mangé de si bon cœur, reprit Félix. — Et moi donc, reprit la petite Angélique, je suis sûre de bien mieux dîner que dans ces grands repas de cérémonie, où je ne me sens en appétit qu'au dessert. — Je suis charmé de vous trouver à tous d'aussi heureuses dispositions, dit le bon père; j'ai remarqué une maison du village où je crois que nous serons bien traités; allons-y ».

En effet, on leur servit une excellente volaille, avec une bonne salade;

M. Senneval demanda le meilleur vin; et c'était un plaisir de voir la petite famille à table, comme on dit vulgairement, faire sauter les miettes. Un pain de deux livres avait déjà disparu, et l'hôtesse en apportait un autre, quand une pauvre vieille femme se présenta avec un petit enfant, demandant humblement un morceau de pain : « Tenez, bonne femme, dit M. Senneval en lui donnant celui qu'on apportait; puis il y ajouta une pièce de monnaie. — Papa, veux-tu nous permettre de lui donner aussi? dit Auguste, au nom de son frère et de sa sœur. — Comment? mes petits amis, vous êtes libres de disposer de l'argent que je vous donne pour vos menus-plaisirs, et certes vous ne pouvez en faire un meilleur usage que de secourir ceux qui ont besoin ». La pauvre femme les remercia de tout son cœur. « O les bons petits enfans! répétait l'hôtesse; Dieu les bénira, comme il a béni cette jolie dame qui passe devant ma maison; regardez-la bien : je vais vous chercher un autre pain, puis je vous conterai son histoire ».

Ces mots avaient piqué la curiosité des petits voyageurs; ils suivaient encore de l'œil la jolie dame, lorsque l'hôtesse parut avec son pain de deux livres. Tandis qu'ils continuèrent leur dîner, elle leur rapporta l'anecdote suivante.

« Une pauvre femme de ce village venait de perdre son mari, et elle restait avec sept enfans en bas âge. Jugez de sa position. On était aux fêtes de Pâques, époque où les enfans de ce village, qui l'avaient mérité par leur sagesse, faisaient leur première communion. La jolie dame, qui était alors une petite

Nos petits voyageurs s'amusèrent beaucoup à manier la rame et à conduire le batelet.

demoiselle, se trouvait de ce nombre. La pauvre veuve alla la trouver et lui exposa sa misère. Après l'avoir écoutée attentivement, elle lui dit d'attendre un instant, qu'elle allait parler à son père. « Mon papa, lui dit-elle, je viens solliciter une grâce, ne me la refusez pas en ce beau jour : accordez-moi une rente de cent écus en avance sur ma dot. Le père, extrêmement étonné de cette demande, lui répondit : Ma fille, je ne veux rien te refuser; mais apprends-moi..... — Vous allez tout savoir, dit la petite demoiselle en courant chercher la pauvre femme. Venez, venez, ma bonne, lui dit-elle en la conduisant par la main; mon père me fait cent écus de rente, ils sont pour vous, c'est votre propriété ». Je vous laisse à juger de la joie et de la reconnaissance de la pauvre femme. Le père, attendri, s'empressa de confirmer cette donation. La veuve, ainsi secourue, est parvenue à élever sa nombreuse famille, qui chaque jour bénit sa bienfaitrice, autant que chacun l'aime et la respecte en ce canton ».

M. Senneval remercia l'hôtesse de leur avoir appris ce trait touchant. « Voyez, mes petits amis, dit-il à ses enfans, comme il est doux de faire du bien; ne perdez jamais l'occasion de secourir ceux qui sont dans la peine. — Oh! j'ai vu qu'ils avaient un bon cœur, dit cette femme, et je les en félicite, parce que c'est le vrai moyen d'être heureux ».

La petite famille, ayant achevé son repas, prit gaiement le chemin de Paris, fort contente de la promenade de ce jour.

VOYAGE A SAINT-DENIS.

Des petits camarades d'Auguste étant allés en partie de plaisir aux îles Saint-Pierre, près de Saint-Denis, M. Senneval projeta d'y conduire aussi sa jeune famille. Mais, avant de se renfermer dans l'île, il la conduisit à Saint-Denis même, pour y visiter l'Abbaye, antique monument de la sépulture de nos Rois. Là, près de l'entrée des caveaux, M. Senneval parla à ses enfans des orages de la révolution; il leur apprit que des mains impies et sacriléges avaient osé violer l'asile des morts pour disperser les cendres de ceux qui avaient gouverné la France. « Aujourd'hui, leur dit-il, ces tombeaux renferment les restes d'un seul monarque ; ce sont ceux du magnanime et infortuné Louis XVI. Aucun Roi peut-être n'avait eu plus d'amour que lui pour le peuple ; il était vraiment le père des malheureux. Mes enfans, apprenez à vénérer sa mémoire ». Après avoir fait leur prière, M. Senneval et ses enfans sortirent de l'église, et prirent le chemin des îles Saint-Pierre.

En arrivant au bord de la Seine, Auguste aperçut de l'autre côté ses joyeux camarades. Un batelier vint prendre la petite famille, et la réunion ne fut pas plutôt opérée qu'on forma les plus jolis projets pour se bien divertir pendant cette journée. Une promenade en batelet surtout ne fut pas oubliée. «J'y consens volontiers, dit M. Senneval, mais c'est à une condition : j'exige auparavant que vous me prouviez que vous avez profité de vos premières leçons de géographie, en m'expliquant ce que c'est qu'une île, une presqu'île, un continent, etc. Asseyons-nous sur ce gazon, je suis prêt à vous entendre ».

Auguste, Félix et la petite Angélique se placèrent auprès de leur père, et, tour-à-tour, donnèrent les définitions suivantes :

Un *continent* est une grande étendue de pays, contenant plusieurs régions qui ne sont pas séparées par les eaux de la mer.

Une *île* est une terre environnée d'eau de tous côtés.

Une *presqu'île*, qu'on appelle aussi *péninsule*, est une terre environnée d'eau, à l'exception d'un seul côté par où elle tient au continent.

Un *archipel* est un amas d'îles, formant un groupe dans une même mer.

Un *cap*, qu'on nomme aussi *promontoire*, est une élévation de terre qui s'avance dans la mer.

Une *rade* est un endroit propre à jeter l'ancre, et où les vaisseaux sont à l'abri du vent.

Les *dunes* sont de petites collines de sable, et les *falaises* sont des montagnes escarpées, qui sont situées sur le bord de la mer.

Un *isthme* est une terre resserrée et pressée entre deux mers, qu'elle empêche de communiquer.

Un *détroit* est une mer resserrée entre deux terres.

Un *golfe* est une quantité d'eau qui s'avance dans les terres.

Une *baie* est un très-petit golfe. Une *anse* est la même chose.
Un *lac* est une grande étendue d'eau qui ne dessèche jamais.
Un *étang* est une espèce de petit lac qui nourrit du poisson.
Un *marais* est une étendue de terres abreuvées d'eaux qui n'ont point d'écoulement.

M. Senneval. Dis-moi, Auguste, en quoi un fleuve diffère d'une rivière ?

Auguste. En ce qu'il parcourt une plus grande étendue de pays, et qu'il se jette dans la mer.

M. Senneval. Explique-moi, Angélique, ce qu'on appelle l'embouchure d'un fleuve ?

Angélique. C'est l'endroit où il se jette dans la mer.

M. Senneval. Et toi, Félix, dis-moi ce qu'on entend par le mot confluent ?

Félix ne sut que répondre, et il fallut qu'on lui soufflât qu'on appelle confluent l'endroit où une rivière tombe dans une autre rivière ou un fleuve. M. Senneval avait remarqué que le petit Félix avait presque toujours laissé parler son frère et sa sœur, et il lui témoigna qu'il n'était pas content de lui. « Je devrais, lui dit-il, te priver d'aller en batelet, parce que tu n'as pas été attentif à tes leçons ». Félix ne disait rien, il baissait les yeux; la honte était peinte sur son visage. Auguste et Angélique se jetèrent dans les bras de leur père en le suppliant de ne point punir leur frère. Celui-ci promit de réparer sa faute ; et le bon père, ne voulant pas diminuer le plaisir qu'on s'était promis de cette partie de campagne, se contenta de recommander à son fils d'être plus attentif une autre fois.

Le batelier avait pris son filet; toute la bande joyeuse sauta dans le batelet, et alla aussi à la pêche. Après le dîner, on retourna sur l'eau; on visita les différentes îles qui se touchent presque, et font de cet endroit un site varié et fort agréable. Nos petits voyageurs s'amusèrent beaucoup à manier la rame et à conduire le batelet. L'heure du départ vint trop tôt interrompre leur jouissance ; il fallut reprendre le chemin de la capitale : mais du moins on prolongea le plaisir en parlant, tout le long de la route, de l'agrément de cette belle journée.

VOYAGE A CHARENTON.

Le petit Félix, aussitôt après la promenade de Saint-Denis, s'était mis à relire sa Géographie, jusqu'à ce qu'il en eût bien retenu les principaux élémens. Voilà comme un enfant qui a du cœur doit se conduire; il ne faut jamais tarder à réparer une faute. Il eut grandement raison d'agir aussi sagement, sans quoi il eût essuyé le lendemain une nouvelle mortification, et peut-être que son père l'eût privé une autre fois d'aller en promenade.

M. Senneval dirigea ses pas, ce jour-là, vers Charenton. Quand il fut à Bercy, il demanda à Félix quelle rive de la Seine il côtoyait? — La rive droite, répondit celui-ci. — Par où distingues-tu la rive droite d'une rivière d'avec la rive gauche? reprit M. Senneval. — Par son cours, répondit Félix. La Seine descend de Bercy à Paris. Si je me retourne vers cette ville, je vois aussitôt la rive qui est à ma droite et celle qui est à ma gauche. — Bien, mon enfant, je suis content de toi, dit son père en l'embrassant; tu me prouves que tu as étudié depuis hier. Tu vois le plaisir qu'il y a d'être instruit, et de pouvoir répondre aux questions qu'on est dans le cas de nous faire.

Continuons notre route. A la hauteur du hameau des Carrières, je vais vous montrer l'endroit où la Seine et la Marne font leur jonction; c'est vis-à-vis le chemin qui partage en deux ce hameau. Nous voilà arrivés. Vous voyez la Seine

C'est ici le confluent de la Seine et de la Marne.

Charenton

qui vient par Choisy, et la Marne qui descend par Charenton. Ici ces deux rivières mêlent et confondent ensemble leurs eaux; c'est ici par conséquent le confluent de la Seine et de la Marne. Nous n'avons plus qu'un pas à faire pour arriver à Charenton. Il y avait autrefois dans ce bourg un temple de protestans, où les personnes de cette religion se rendaient de Paris le dimanche. On raconte un trait singulier du chien d'un protestant. Son maître avait coutume de l'emmener avec lui; mais, un dimanche, il l'enferma dans sa maison de Paris. Le chien, désolé, crut du moins que ce n'était que pour cette fois. Le dimanche suivant, on l'enferma de nouveau. Oh! pour le coup il vit bien que c'était un parti pris pour toujours, et il s'arrangea pour n'être pas attrapé une troisième fois. Quand le samedi fut venu, il décampa dès le soir même. Le lendemain, son maître, l'ayant cherché inutilement pour le mettre sous la clef, s'en vint ici. Quelle fut sa surprise! il trouva son chien, qui l'attendait à l'entrée du village. Il fut si enchanté de l'instinct de cet animal, qu'il ne l'enferma plus dorénavant.

— Ce chien avait donc su calculer les jours de la semaine pour partir précisément le samedi? demanda la petite Angélique. — Il le faut bien, répondit son père; et ce trait n'est pas le seul qui semble prouver qu'il y a parmi les animaux quelques bêtes susceptibles d'une espèce de raisonnement.

Nous allons traverser le pont pour nous rendre au château d'Alfort; c'est une école royale vétérinaire. Là, nous visiterons un cabinet fort curieux, où vous passerez en revue une superbe collection d'animaux de toute espèce. Les enfans émerveillés, admirèrent en effet l'art avec lequel ces animaux sont conservés — On croirait qu'il sont en vie, répétaient-ils à leur père.

En sortant de ce bel établissement, M. Senneval revint à Charenton voir l'hospice des fous. Un homme, qui aborda le père de famille, lui parla des différentes personnes dont l'esprit était aliéné. Les enfans aperçurent un petit garçon à travers une croisée garnie de barreaux de fer. « Est-ce qu'il est du nombre des fous »? demanda Félix. Celui qui les accompagnait leur apprit que c'était le père de cet enfant qui avait l'esprit dérangé, et que son fils avait désiré ne pas le quitter. — Cela fait son éloge, dit M. Senneval.

Le conducteur cita ce trait d'un fou, à qui des personnes demandaient des numéros pour mettre à la loterie : il en traça trois sur un morceau de papier qu'il avala, en les assurant qu'ils sortiraient le lendemain. Pour un fou, la plaisanterie n'était pas mal trouvée.

Après avoir visité le jardin, le puits, la salle des douches, la petite famille s'en retourna à Paris, en s'entretenant de ce qu'elle avait vu dans le cours de cette intéressante promenade.

Vous voyez mes enfans, combien il est doux et flatteur d'être sage

VOYAGE A SURESNE ET AU CALVAIRE.

« Mes enfans, dit M. Senneval à sa petite famille, c'est aujourd'hui la fête de Suresne, nous allons profiter de cette circonstance pour aller au Calvaire. En passant, nous verrons la Rosière. — Papa, apprends-nous ce que c'est que cette fête de la Rosière, dit Angélique. — Ma fille, répondit M. Senneval, c'est une des plus belles et des plus touchantes institutions faites en faveur des femmes; l'origine en remonte au temps de saint Médard, qui l'institua le premier dans Salency, village à une petite lieue de Noyon, et dont il était le seigneur. Ce bon évêque imagina de donner, tous les ans, une somme de vingt-cinq francs et une couronne de roses à celle des filles de sa terre qui jouirait de la plus grande réputation de vertu. Cette récompense devint pour les filles de Salency un puissant motif de sagesse. Les heureux résultats de cette belle institution engagèrent plusieurs seigneurs à en former de semblables dans leurs terres. Ici, c'est à M. Héliot qu'on doit cette fondation. Il établit un fonds suffisant pour qu'on puisse gratifier la Rosière d'un prix de trois cents francs. — Qui désigne cette Rosière? demanda encore Angélique. — Suivant la fondation, reprit son père, M. le curé doit choisir trois filles de Suresne, au-dessus de dix-huit ans, et notifier son choix aux syndic et marguilliers de la paroisse, qui procèdent, par la voie du scrutin, à l'élection de la Rosière ».

En s'entretenant sur ce sujet, nos petits voyageurs arrivèrent à Suresne au moment où la procession sortait de l'église pour faire le tour du village. La Rosière, vêtue de blanc, parut, accompagnée de sa famille et des jeunes filles du village, aussi vêtues de blanc. Sa beauté virginale, la candeur et la modestie empreintes sur son visage, lui donnaient un air céleste. La procession étant rentrée dans l'église, l'évêque qui officiait prononça un discours analogue à la circonstance; puis, la Rosière s'étant mise à genoux, ce prélat lui posa sur la tête une couronne de roses.

Auguste, Félix et la petite Angélique examinèrent cette cérémonie avec une attention respectueuse. « Vous voyez, mes enfans, leur dit M. Senneval, lorsqu'ils se furent remis en route, combien il est doux et flatteur d'être sage. Outre l'estime et les hommages publics que s'attirent les personnes vertueuses, la vertu fait elle-même le plus grand bonheur de leur vie; n'oubliez jamais que sans la vertu l'on ne peut être heureux ».

Arrivés au pied de la montagne du Calvaire, les enfans se reposèrent un instant pour reprendre des forces. « De toutes les montagnes qui environnent Paris, leur dit M. Senneval, celle-ci est la plus élevée. Son nom primitif est *mont Valérien;* on l'appela ensuite *Calvaire,* parce qu'on y éleva une croix, et qu'on y bâtit des chapelles où l'on représenta les principaux faits de la passion de Jésus-Christ. Il paraît qu'il s'était établi ici des ermites dans les temps les plus reculés. Le plus ancien dont il soit fait mention est un nommé

Antoine. Henri III et Henri IV rendirent quelques visites à l'ermite qui y résidait de leur temps. Des femmes aussi sont venues y vivre en anachorètes. — Quoi! il y a eu aussi des femmes ermites! s'écria la petite Angélique. — Oui, ma fille; les historiens parlent d'une sœur Guillemette Faussart, qui habitait cet ermitage sous le règne de Henri II; on dit même que ce fut elle qui commença à faire bâtir des chapelles en ce lieu, avec le produit des aumônes qu'elle recevait ».

Les petits voyageurs se mirent en devoir de gravir cette montagne. Parvenus au sommet, ils admirèrent la campagne immense qui se déploie à la vue de tous côtés; mais ils cherchèrent en vain la croix, les chapelles : tout cela a été détruit en une nuit, il y a quelques années.

« Il faut nous en retourner, dit M. Senneval; et, si demain vous n'êtes point fatigués, je vous conduirai à Versailles ».

VOYAGE A VERSAILLES.

« Quelqu'un de vous est-il encore las de notre promenade du Calvaire? demanda le lendemain M. Senneval à ses enfans.—Pas plus que si je n'étais pas sorti, répondit Auguste.—Moi, de même, dit Félix.—Je t'assure, papa, que j'ai d'aussi bonnes jambes que mes frères, s'empressa d'ajouter Angélique.—En ce cas, partons, dit le père de famille ». A leur arrivée près des Tuileries, les conducteurs de ces petites voitures à quatre places se disputèrent l'avantage de les conduire. Quatre personnes d'un coup, une voiture complète ; c'était une bonne aubaine. M. Senneval monta dans le cabriolet le plus propre, et dont le cocher lui parut le plus poli. Angélique se plaça auprès de son papa, au fond de la voiture ; Auguste et Félix sur la banquette de devant. Au moyen de cinq à six coups de fouet, le cheval efflanqué, qui traînait la cariole, se mit à trotter tout doucement.

Un lapin! un lapin! criait le cocher en regardant de tous côtés. — « Que veut-il dire avec son *lapin?* demanda la petite Angélique. — Ma fille, lui répondit M. Senneval, un *lapin*, dans le langage de ces conducteurs, signifie un voyageur qui se place à côté du cocher ». A Chaillot, cet homme rencontra le *lapin* désiré, ce qui le mit en belle humeur. Quand on fut à Passy, le cocher arrêta sa voiture vis-à-vis un marchand de vin. On crut

Il reparait tenant un des petits malheureux.

que déjà il avait soif; mais il prévint qu'il allait prendre un *singe* dans cette maison. « Oh! un singe! cela va bien nous amuser en route, dirent les petits enfans ». M. Senneval leur apprit encore que les conducteurs appellent un *singe*, un voyageur qui consent à se nicher sur l'impériale. En effet, un gros homme sortit du cabaret, et, à l'aide du cocher, qui le poussa tant qu'il put par les jambes, il parvint à grimper sur le haut de la voiture. « L'impériale est-elle solide? demanda en riant M. Senneval; car, si votre singe l'enfonçait, il nous écraserait tous. — Ne craignez rien, dit le cocher, il l'a déjà essayée; c'est une pratique. Dam! voyez-vous, c'est qu'il faut que je tire tout le parti possible de mes voyages; car, mon cheval et moi, nous sommes deux gaillards de bon appétit; il n'est pas gras mon cheval, il me ressemble; mais sans doute que c'est dans sa nature et dans la mienne d'être comme cela; car, foi de Gros-Os (c'est ainsi qu'on me nomme), je vous jure que tous deux nous mangeons comme quatre. Vous allez voir, une fois qu'il va être en train, comme la voiture va rouler : allons, *Coco*, dit-il à l'animal, en lui chatouillant les flancs de deux ou trois coups de fouet, leste, mon ami, tu auras l'avoine en arrivant; et moi, je boirai un coup à la santé de mon bourgeois et de son aimable famille : jamais, en vérité, je n'ai conduit d'aussi jolis enfans ». Cet homme continua la route, tantôt en chantant, tantôt en sifflant, tantôt en causant, avec la plus grande gaieté. Soit que *Coco* allât lestement, ou que l'humeur joyeuse de son maître empêchât nos voyageurs de compter les momens, il est de fait qu'ils arrivèrent à Versailles sans s'être aperçu du chemin. Aussi M. Senneval tira-t-il de sa bourse un piece de monnaie, et donna de bon cœur ce pour-boire à Gros-Os, en lui recommandant toutefois d'être sobre, et de se bien conserver pour le voyage du soir.

Après être descendu de voiture sur la place d'Armes, M. Senneval entra dans le château par la cour des Ministres; puis, passant dans la cour de Marbre, il fit remarquer à ses enfans le balcon où Louis XVI, dans les journées orageuses des 5 et 6 octobre 1789, se montra à la multitude qui était venue le chercher pour le conduire à Paris. Une partie des bâtimens de ce côté, anciennement bâtis, ne répondent pas à la beauté du reste du château; mais, du côté du jardin, quelle grandeur! quelle majesté! et dans l'intérieur, quelle magnificence! Les enfans restèrent en extase en traversant la grande galerie, la salle de spectacle, les appartemens du Roi et de la Reine. Ensuite on visita le Musée et la manufacture d'armes. Il faut se presser, dans cette ville, pour voir dans un jour tout ce qu'elle renferme de plus curieux. Le parc et ses chefs-d'œuvres demanderaient seuls plusieurs journées. M. Senneval conduisit ses enfans à la superbe orangerie; il leur fit remarquer le plus bel oranger qu'on connaisse, nommé *le Grand-Bourbon*, et qui a plus de trois cents ans; il s'arrêta devant le canal appelé *la Pièce des Suisses* : « Un jeune garçon, leur dit-il, a donné ici une belle preuve d'amour pour son prochain. Au milieu de l'hiver, des enfans s'amusaient à glisser sur la glace ; tout-à-coup elle se rompt sous leurs pieds, et ils disparaissent. Un de leurs camarades, nommé Joseph Chrétien, sans consulter le danger, se précipite sous la glace pour les chercher. On le crut un instant perdu ; il ne retrouvait plus le trou par où il était entré.... Enfin il reparaît, tenant un des petits malheureux ; il plonge de nouveau, et parvient à les sauver tous trois. Louis XVI, instruit de cette belle action, fit frapper une médaille d'or, dont il décora le jeune Chrétien. Ce n'était qu'un garçon cordonnier ; mais qu'importe le rang ou l'état aux yeux du bon monarque ; il voulut que cet excellent jeune homme lui fût présenté, et il l'accueillit avec une extrême bonté. Mes enfans, voyez comme il est beau de secourir ses semblables » !

M. Senneval dirigea ses pas vers le grand Trianon. En le visitant, les enfans crurent être dans un de ces palais enchantés, décrits si brillamment dans les Contes des fées. Le petit Trianon n'excita pas moins leur admiration. « C'est dans ce lieu, leur dit leur père, que la Reine de France aimait à venir se reposer de la contrainte des grandeurs. Elle avait fait construire ce petit hameau, dont l'aspect lui plaisait beaucoup. On y soignait des vaches de la plus grande beauté, et la Reine elle-même ne dédaignait pas de s'occuper quelquefois des détails de sa laiterie. Mes enfans, vous trouvez ce séjour enchanteur ; mais combien il s'embellissait encore par la présence de cette auguste princesse ! Marie-Antoinette, par le charme de sa personne, ajoutait encore à l'éclat du diadème : elle était aussi bonne que belle; il suffisait d'être malheureux pour être sûr d'intéresser son cœur. Infortunée princesse ! elle a partagé le sort du Roi, son époux.... Ah ! les méchans qui les ont fait périr seront en exécration à tous les siècles ».

La journée passa rapidement, mille fois trop rapidement au gré de nos petits voyageurs. A peine avaient-ils pris le temps de dîner, quoique l'appétit ne manquât à aucun d'eux. « Ah ! papa, que de belles choses ! répétaient-ils dans leur enthousiasme. — Cela est vrai, dit M. Senneval ; mais il faut songer à regagner notre domicile. Demain je dois aller dîner chez un ami à Arcueil ; je vous ferai voir différentes choses qui ne seront pas sans intérêt pour vous ».

La société alla visiter le superbe aqueduc.

VOYAGE A ARCUEIL ET A BICÊTRE.

M: Senneval, allant dîner chez son ami à Arcueil, profita de cette partie pour faire connaître à ses enfans ce qu'il y a de curieux dans ces environs Ils partirent dès le matin, et se rendirent à Bicêtre. Au seul nom de cette maison, les enfans éprouvèrent un mouvement d'effroi; ils avaient entendu parler de ce lieu comme étant le réceptacle des criminels. « Comment! dirent-ils à leur père, nous allons entrer dans cette prison ? nous allons nous trouver au milieu des voleurs, des assassins! — Cela me fait trembler, dit Angélique. — Ce château renferme bien une prison, répondit M. Senneval; mais les immenses bâtimens, malheureusement confondus sous la même dénomination de Bicêtre, ne sont pas uniquement consacrés aux malfaiteurs. Une partie sert d'hospice à des fous, et une autre de refuge à des vieillards indigens. — Eh bien! dit Félix, je n'aurais jamais pensé, d'après l'affreux renom de cette maison, qu'elle pût renfermer quelqu'un fait pour inspirer quelque intérêt. — Oui, reprit M. Senneval, il serait à souhaiter que la même enceinte ne renfermât pas le crime et le malheur : la société a tant d'intérêt à ne les pas confondre ».

En entrant dans la première enceinte, les enfans virent en effet trois ou quatre cents de ces vieillards, qui se promenaient paisiblement au soleil. Cela les fit revenir de leur première impression; et la petite Angélique, qui serrait de près son papa, se contenta de lui donner la main, n'ayant plus aucune frayeur.

Un homme, chargé de conduire les étrangers, les fit passer ensuite dans l'enceinte des fous, et leur expliqua le genre de folie de chacun d'eux. Ils remarquèrent un homme qui se promenait avec une espèce de balai au bout d'un grand bâton, qu'il agitait en l'air à différentes reprises et avec un air de grande importance. « Que veut-il faire ? demanda Auguste. — Il est dans une grave occupation, répondit leur conducteur; ce malheureux, dans sa folie, croit diriger le temps : sans doute que ce nuage qui cache le soleil en ce moment le contrarie, il veut le faire dissiper ». Le soleil reparut un instant après ; alors le fou déposa son grand bâton, et se promena avec un air de satisfaction de ce que sa volonté avait été promptement exécutée.

De toutes les autres parties de cette vaste maison, ce qui fixa surtout l'attention des enfans, ce fut le puits. Ils ne se lassaient point de voir monter et descendre ces seaux grands comme des tonnes, qui s'emplissent et versent leurs eaux par le seul moyen des mécaniques. M. Senneval fut obligé de les avertir qu'il était temps de s'en aller. En passant devant le bâtiment qui sert de prison, il leur en faisait remarquer l'entrée, quand tout-à-coup le bruit des verroux se fit entendre, la petite porte ou guichet s'ouvrit, des soldats sortirent de la prison, et après eux une bande d'hommes, attachés ensemble par de grosses chaînes.

Félix et la petite Angélique se rapprochèrent aussitôt de leur père, et lui demandèrent ce que c'étaient que ces prisonniers, et où l'on allait les conduire. — Ce sont, répondit M. Senneval, des voleurs condamnés aux galères, et qui partent aujourd'hui pour se rendre, soit à Brest, soit à Toulon, ou dans un autre port, où on les emploie aux travaux les plus grossiers et les plus humilians : c'est ce qu'on appelle le départ de la chaîne. Ces misérables vont rester ainsi accolés l'un à l'autre jusqu'au jour de leur arrivée au bagne. — Quoi! la nuit même ils gardent ces grosses chaînes si pesantes? — Oui ; on leur donne de la paille, ils s'étendent dessus et dorment, si leurs remords toutefois peuvent leur permettre de goûter quelque repos. Le lendemain, après qu'on a visité soigneusement leurs fers, ces forçats continuent leur chemin ; de cette manière, un petit nombre de soldats suffit pour les conduire à leur destination.

Ce spectacle terrible fit frémir nos petits voyageurs. « Ah ! mon Dieu ! s'écria Auguste, je crois que si celui qui a envie de mal faire voyait cela, il abandonnerait tout de suite ses mauvais desseins. — Mes chers enfans, dit M. Senneval, rappelez-vous toute votre vie de ce que vous voyez, et songez que le plus petit écart peut quelquefois conduire aux plus grands crimes ».

Avant de quitter ces lieux, M. Senneval voulut que ses enfans emportassent quelques-uns de ces ouvrages en paille, fabriqués par les prisonniers, et qui sont d'un travail souvent précieux. La petite Angélique fut surtout enchantée d'un joli étui et d'une corbeille en paille de couleur, faite avec une rare perfection.

La jeune famille se rendit ensuite à Arcueil. L'heure du dîner était venue, on les attendait avec impatience. On s'entretint pendant le repas de ce qu'on avait vu dans la matinée. « Les jolis cadeaux que vous avez faits à vos enfans, dit l'ami de M. Senneval, m'engagent à leur en faire un autre non moins curieux ». Il commanda qu'on apportât le dessert. Un domestique posa au milieu de la table un plat de raisin, dont les grappes paraissaient être sculptées en pierre. « C'est pourtant réellement du raisin, dit le maître de la maison, en offrant une grappe à chacun des petits convives ; les grains sont seulement recouverts d'un sédiment pierreux que portent avec elles les eaux d'Arcueil. Pour avoir ce fruit ainsi métamorphosé, je n'ai fait que le déposer dans l'eau ; maintenant il se conservera long-temps dans l'état où il est ». Les enfans furent bien satisfaits de ce présent. La petite Angélique mit ces grappes curieuses dans sa jolie corbeille, se faisant une grande fête de montrer cela à ses bonnes amies.

En sortant de table, la société alla visiter le magnifique aqueduc d'Arcueil. M. Senneval fit admirer à ses enfans ce monument d'un superbe travail, et leur apprit son utilité pour amener à Paris les eaux de ces environs.

À la fin de cette journée, les enfans assurèrent leur père qu'elle n'avait pas été une des moins intéressantes de leurs petits voyages.

Nous lui avons donné notre déjeuner.

St Germain.

VOYAGE A SAINT-GERMAIN.

Nous allons voir aujourd'hui un aqueduc plus considérable que celui d'Arcueil, dit M. Senneval à ses enfans : je vais vous conduire à Saint-Germain-en-Laye ; nous passerons à Marly, où nous visiterons la machine ainsi que l'aqueduc, qui fournissent de l'eau à Versailles ». La petite famille avait quelquefois entendu parler de cette machine de Marly ; elle fut enchantée de faire ce voyage. M. Senneval loua une voiture pour la journée, et l'on se mit en route.

En passant sur le superbe pont de Neuilly, M. Senneval apprit à ses enfans qu'avant Henri IV on traversait la Seine en cet endroit dans un bac. « Un jour, leur dit-il, que ce prince revenait de Saint-Germain, ses chevaux, qu'on avait oublié de faire boire, se précipitèrent ici dans l'eau, malgré le cocher, et entraînèrent la voiture dans un endroit si profond, que, sans le secours des gentilshommes qui l'accompagnaient, ce monarque ainsi que la reine se seraient infailliblement noyés. Ce jour-là, Henri IV avait un grand mal de dents : cette aventure l'en guérit à la minute ; de sorte qu'une fois hors de danger, il plaisanta en disant que jamais il n'avait trouvé de meilleure recette ».

On déjeûna à Nanterre avec les excellens gâteaux dont ce village a la renommée. « C'est ici qu'est née la patrone de Paris ? dit M. Senneval à l'aubergiste chez lequel il se trouvait. — Oui, Monsieur, répondit celui-ci notre église est située sur l'emplacement même de la maison des père e mère de sainte Geneviève. On voit encore au milieu le puits qui servait dit-on, au ménage de cette famille. Nous avons aussi, hors le bourg, su le chemin de Chatou, une petite chapelle placée à l'endroit même où cett bergère gardait les troupeaux de son père ». Après le déjeûner, la famille all visiter ces monumens ; puis on continua la route.

En passant devant la Malmaison, les enfans demandèrent ce que c'étai que ce beau château ? — C'est, répondit M. Senneval, le lieu où es morte l'impératrice Joséphine, après son divorce d'avec cet homme qu avait commencé par faire tant de bien à la France, et qui a fini par lu faire tant de mal.

Arrivés à Marly, ils descendirent de voiture pour voir cette fameuse ma chine qui fait monter l'eau à 502 pieds au-dessus du lit de la rivière. Ce grandes roues, cette multitude de manivelles, de balanciers et d'équipage de pompe, n'ont rien de flatteur pour l'œil : les enfans eurent bientôt asse de ce spectacle. Après leur avoir fait remarquer l'aqueduc, composé de 3 arcades, et qui a 330 toises de longueur, M. Senneval les conduisit dans l parc de Marly, et leur fit voir un petit cabinet couvert, où Louis XV dans les beaux jours, allait quelquefois faire collation. Là, il leur racont une petite scène fort intéressante, qui s'était passée, dans ce lieu même, sous les yeux d'un savant estimable, qui l'a consignée dans ses écrits. M. Bernardin de Saint-Pierre, étant allé se promener dans ce parc par un temps de giboulée, entra dans ce petit cabinet pour s'y mettre un moment à l'abri. Il y trouva trois enfans, deux petites filles fort jolies, qui s'occupaient avec beaucoup d'activité à ramasser autour du berceau des bûchettes de bois sec, qu'elles arrangeaient dans une hotte placée sur la table du Roi; tandis qu'un petit garçon, mal vêtu et fort maigre, dévorait, dans un coin, un morceau de pain. Il demanda à la plus grande, qui avait cinq à six ans, ce qu'elle prétendait faire de ce bois qu'elle ramassait avec tant d'empressement. Elle lui répondit : « Vous voyez bien, Monsieur, ce petit garçon-là; il est fort misérable : il a une belle-mère qui l'envoie, tout le long du jour, chercher du bois ; quand il n'en apporte pas à la maison, il est battu ; quand il en emporte, le suisse le lui ôte à l'entrée du parc et le prend pour lui : il meurt de faim ; nous lui avons donné notre déjeûner ». Après avoir dit ces mots, elle acheva avec sa compagne de remplir la petite hotte ; elles la lui chargèrent sur le dos, et elles coururent devant lui à la porte du parc, pour voir si leur malheureux ami pouvait passer en sûreté.

« Oh ! les bonnes petites filles ! s'écria Angélique.—Comme il y a des enfans qui sont à plaindre ! reprit Félix. — Combien notre sort est heureux ! dit Auguste en embrassant son père ». Son frère et sa sœur se jetèrent également dans les bras de M. Senneval, qui les pressa avec joie sur son sein. « Oui leur dit-il, vous ne manquez de rien : il faut en remercier Dieu, qui vous a fait naître dans l'aisance ; et vous ne pourrez jamais mieux vous montrer reconnaissans de cette faveur, qu'en secourant de tout votre pouvoir les malheureux ». Nos voyageurs remontèrent en voiture, et furent bientôt arrivés à Saint-Germain.

M. Senneval leur apprit que ce château avait servi de retraite au roi d'Angleterre, Jacques II, lorsqu'il fut forcé de quitter son royaume ; et que Louis XIV, qui était né à Saint-Germain, y fit sa principale habitation jusqu'à l'entière construction du château de Versailles. On se promena long-temps dans la forêt ; on admira surtout cette vaste terrasse, où l'on jouit d'une vue étonnante par son étendue et sa variété. « Ah ! papa, répétaient les enfans, l'imagination ne pourrait rien enfanter de plus beau ! — Je suis bien aise, dit M. Senneval, que vos promenades vous plaisent toujours cependant nous allons bientôt les cesser. — Oh ! tant pis, dit la petite Angélique, je t'assure que j'aime beaucoup voyager. — Eh bien ! reprit son père, nous pourrons de temps à autre renouveler ce plaisir. Mais il est l'heure de regagner Paris. Allons retrouver notre voiture, et partons ».

Les enfans furent enchantés de diner dans cet arbre.

Montmartre

VOYAGE A MONTMARTRE.

M. Senneval avait remarqué dès le matin qu'il faisait beaucoup de vent. « Tu as fait un cerf-volant, dit-il à Auguste ; prends-le : nous irons sur la butte Montmartre ; là tu pourras l'enlever à ton aise ». Auguste fut charmé de la proposition ; il courut annoncer cette bonne nouvelle à Félix et à Angélique, et dans un instant tous trois furent prêts à partir.

Ils arrivèrent à la barrière par la rue des Martyrs. « N'est-ce pas sur cette montagne que saint Denis est mort pour la foi ? demanda Auguste. — Quelques historiens le rapportent, répondit M. Senneval ; c'est pourquoi ils appellent ce village *Mons Martyrum* ; d'autres l'appellent *Mons Mercurii*, parce qu'on y avait bâti un temple à Mercure ; d'autres enfin font dériver son nom de *Mons Martis*, et c'est l'opinion la plus commune, parce qu'il y avait sur cette colline un temple élevé au dieu Mars. Sur la fin du sixième siècle, on voyait encore quelques restes de ce temple, et surtout une terrasse si épaisse et si solide, qu'on prétend qu'elle servit à Henri IV pour braquer son canon lorsqu'il assiégea Paris.

» — J'entends toujours dire d'un ignorant, qu'il faut l'envoyer à Montmartre avec les ânes ; ce village est donc particulièrement le pays des baudets ? demanda la petite Angélique. — Ma fille, répondit M. Senneval, Montmartre n'est fameux que par ses carrières de plâtre et ses moulins à vent; mais les meuniers, ainsi que les plâtriers, emploient des ânes pour porter leur marchandise : c'est là sans doute un des motifs de la plaisanterie ».

Arrivés sur la butte, Auguste et Félix se mirent en devoir d'enlever leur cerf-volant, et ils réussirent à merveille; seulement, lorsqu'il fut lancé dans les airs, la corde cassa, et le cerf-volant alla s'abattre dans la plaine. « C'est un petit malheur, dit M. Senneval, mais il faut l'abandonner : nous allons monter au télégraphe ». Auguste fut aussitôt consolé. L'examen de cette machine les amusa beaucoup. S'étant placée à une lunette d'approche qui se trouvait dirigée sur le boulevard des Italiens, la petite Angélique reconnut quelqu'un qui y passait en ce moment. Sa surprise fut extrême, et elle jeta un cri d'admiration. Ses frères accoururent, et la lunette ne resta plus un seul instant vacante.

« Il faut pourtant songer au dîner, dit M. Senneval; nous allons faire ce repas dans un lieu extraordinaire dont vous ne vous doutez pas : dans un arbre.... — Dans un arbre ! s'écrièrent les enfans. — Oui, dans un arbre qu'on appelle le *Poirier sans pareil*. Le traiteur a profité de la disposition et de l'étendue des branches de ce poirier pour y ajuster un plancher, y placer des tables; et une douzaine de personnes peuvent dîner commodément dans cet arbre, au milieu des poires qui viennent couronner leur tête ».

Les enfans furent enchantés de manger dans ce lieu. M. Senneval leur proposa ensuite d'aller à la Villette, pour voir le superbe bassin du canal de l'Ourcq. En apercevant les jolies barques qui promènent les amateurs sur sa surface, la petite famille pria son père de lui procurer le plaisir de cette promenade. M. Senneval s'empressa de les satisfaire. « Vous voyez, leur dit-il, que ces gondoles marchent par le seul moyen des voiles; plus le vent souffle, plus elles vont avec rapidité : cela peut vous donner une idée de la manière dont les vaisseaux voguent sur la mer ». Les enfans ne se seraient pas lassés de voguer sur le canal; et ils ne virent pas sans quelque regret arriver l'instant où il fallut débarquer et reprendre le chemin de leur domicile.

VOYAGE A SCEAUX.

M. Senneval s'était rendu avec sa petite famille à la barrière d'Enfer pour y prendre une voiture. C'est un plaisir d'entendre tous les cochers appeler les voyageurs. L'un vient à votre rencontre, et vous dit : « Monsieur va-t-il à Ville-juif, au Bourg-la-Reine ? ma voiture est prête à partir ». Celui-là s'égosille à répéter : « Deux places pour Antony ». Un autre crie plus loin : « J'ai trois voyageurs, encore un *pour Sceaux* ». M. Senneval formait une voiture complète, il partit aussitôt.

En passant au Bourg-la-Reine, le père de famille raconta à ses enfans les aventures extraordinaires qui ont été mises en avant pour fonder l'étymologie du nom de ce village. « Les uns, leur dit-il, mettent en jeu la reine Blanche, mère de saint Louis ; d'autres font battre en duel deux princes, dont l'un avait enlevé la princesse de Frise, nommée Colombe, et disent que ce combat eut lieu près d'un village appelé Briquet, et que le Roi vainqueur s'établit là avec l'objet de son amour. Un troisième avance que Chilpéric et Frédégonde ayant promis leur fille Ragonde à Rocarède, roi des Visigoths, cette princesse, dont la voiture cassa à Briquet, comme elle se rendait à sa destination, prit le parti d'y rester, et donna le nom de Bourg-la-Reine à cet endroit. Enfin on attribue à Adelaïde, femme de Louis-le-Gros, l'honneur d'avoir donné le nom Reine à ce bourg.

La petite famille alla voir les divers jeux du Parc.

En discourant sur ce sujet, nos petits voyageurs arrivèrent à Sceaux. « Ce pays, leur dit M. Senneval, a offert de tout temps aux personnes qui aiment la campagne un séjour aussi salubre qu'agréable, tant par la pureté de l'air et des eaux, que par les sites variés et pittoresques des environs. Ce fut sous le règne de saint Louis que ce lieu commença à devenir considérable. On attribue son premier agrandissement aux reliques de saint Mammès, martyr en Cappadoce; elles y furent apportées, en 1214, par le chevalier Adam de Ceaux, qui revenait de la croisade. Par suite, cette terre appartint au grand Colbert, et ce ministre y fit établir un marché de bestiaux pour l'approvisionnement de Paris. En dernier lieu, le château appartenait à madame la duchesse d'Orléans. Ce château et ses jardins étaient magnifiques; mais la faux révolutionnaire a tout détruit. Le parc de la ménagerie a seul été conservé; nous irons nous y promener tantôt. Quant à présent, allons jouir de l'ombrage dans les charmantes promenades des bois de Verrières et d'Aulnay ».

En parcourant ces endroits délicieux, M. Senneval demanda à la petite Angélique si elle se souvenait toujours bien de ces jolies fables qu'elle avait eu tant de plaisir à apprendre par cœur : «Eh bien! ajouta-t-il, c'est ici que Florian les a composées ». Sceaux était la résidence de cet auteur aimable, et c'est là qu'une mort prématurée l'a enlevé aux lettres.

Après avoir erré quelque temps sous ces charmans ombrages, le père mena sa petite famille dîner chez un traiteur. Pendant le repas, ils virent passer sous leurs fenêtres quantité de troupeaux de bœufs que l'onc onduisait à Paris. « Cela me fait songer, dit M. Senneval, à l'énorme consommation de comestibles qui se fait dans la capitale. On compte qu'il s'y consomme annuellement soixante-quinze mille bœufs. — Ah! mon Dieu! c'est effroyable. — Il faut y ajouter quinze mille vaches, que nos bouchers ont grand soin de nous donner pour du bœuf; plus, cent trois mille veaux, deux cent vingt mille moutons, et cinq cent soixante mille porcs. — Et du pain, combien en mange-t-on? — Environ cent six millions de livres. Il y aurait de quoi étouffer si l'on mangeait tout cela sans boire; mais vous ne devineriez pas à quelle somme s'élève la totalité du vin que l'on consomme ? A trente-trois millions de francs; plus, pour trois millions de francs d'eau-de-vie : il faut aussi ajouter trente mille muids de bière et six mille muids de cidre. — C'est un vrai gouffre que Paris. — Cela n'est pas étonnant, pour peu que chacun s'acquitte d'y déguster les vivres comme vous venez de faire ».

Lorsque le repas fut terminé, on alla visiter le parc qui réunit des jeux de toute espèce, et un nombreux orchestre pour la danse. On se promena jusqu'au soir pour voir l'illumination, et surtout le beau feu d'artifice qui termine cette fête; après quoi, la petite famille remonta dans sa carriole, et prit le chemin de Paris, au milieu des nombreuses cavalcades, des équipages élégans, et des modestes piétons qui couvraient la route.

Mr Senneval et ses enfans firent un diner champêtre sur la pelouse.

VOYAGE A VINCENNES.

M. Senneval, ayant projeté de faire un repas champêtre, emmena sa petite famille au bois de Vincennes : les enfans eurent beaucoup de plaisir à en parcourir les belles avenues et les petits sentiers. Ils ne s'amusèrent pas moins à gravir cette butte artificielle qu'on avait élevée pour arrêter les boulets, lorsque, du temps de Buonaparte, il y avait en ce lieu un parc d'artillerie assez considérable, et que les canonniers s'instruisaient à pointer avec justesse et rapidité. Lorsqu'ils furent las de courir et de grimper, ils vinrent s'asseoir sur cette vaste pelouse qui se trouve vis-à-vis le château, et ils se mirent à considérer ce terrible donjon qui naguère frappait l'âme de pitié et d'effroi, par l'idée des nombreuses victimes qui y étaient renfermées. Ayant prié leur père de leur donner quelques détails sur cette forteresse, M. Senneval satisfit à leur demande.

« Le château de Vincennes, leur dit-il, a été le séjour de plusieurs Rois. Louis VII commença par y bâtir un rendez-vous de chasse; Philippe Auguste augmenta beaucoup ces bâtimens; il peupla le bois de bêtes fauves qui lui furent envoyées par Henri II, roi d'Angleterre, et il entoura ce bois de murailles. Ce fut Philippe de Valois qui jeta les fondemens du château que nous voyons aujourd'hui, et il fut entièrement achevé par Charles V. Presque tous les Rois, jusqu'à Louis XIV, y ont fait travailler, soit pour y changer ou augmenter les constructions, soit pour le restaurer ou l'embellir.

» En 1422, le roi d'Angleterre, Henri V, qui se prétendait héritier de la couronne de France, au préjudice du roi Charles VII, mourut au château de Vincennes. Louis XI y logeait souvent, et en avait fait gouverneur son ancien barbier, nommé Olivier le Diable. Ce fut alors que l'on commença à mettre des prisonniers dans le donjon; et ce château, qui jusqu'alors n'avait servi que de maison de plaisance à nos Rois, devint en même temps prison d'Etat. Louis XVI, à son avénement au trône, s'empressa de faire ouvrir tous les cachots, et rendit la liberté aux malheureux détenus. Jamais prince n'avait mieux mérité qu'on bénît son règne.

» Saint Louis venait souvent habiter la maison bâtie par Louis VII : il donnait audience à ses sujets dans le bois de Vincennes ; là chacun pouvait l'aborder, lui parler; on était sûr d'en être entendu, d'en être écouté. Au seizième siècle, on montrait encore le chêne sous lequel s'asseyait ce bon Monarque; on conservait religieusement cet arbre; il était devenu un objet de vénération pour le peuple ».

M. Senneval termina l'historique du fatal donjon par ce trait de Buonaparte. « Cet homme, leur dit-il, voulant s'élever au trône de France, proposa aux Bourbons de lui céder leurs droits : il se vengea de leur noble refus en faisant enlever le duc d'Enghien dans le pays de Bade ; il le fit conduire ici, et fusiller dans les fossés de ce château, la nuit même de son arrivée ».

Pour se distraire de ce souvenir affreux, la petite famille alla se promener du côté des ruines du château de Beauté-sur-Marne ; ensuite elle vint faire un dîner champêtre sur la pelouse, à l'entrée du bois. Après le repas, M. Senneval proposa de s'en retourner à pied jusqu'à la barrière du Trône, en passant par le joli chemin de Saint-Mandé.

Les enfans furent charmés de la proposition ; en effet, ils s'amusèrent beaucoup dans cette route des plus riantes et des plus pittoresques.

VOYAGE AU BOIS DE BOULOGNE.

Les occupations de M. Senneval l'avaient retenu une partie de la matinée. « Il est tard, dit-il à ses enfans, où pourrions-nous aller promener aujourd'hui? — Papa, conduits-nous au bois de Boulogne, répondit Angélique. — Eh bien! soit, dit le père de famille; apportez-moi vite mon chapeau, ma canne, et partons ».

Le bois de Boulogne n'est remarquable ni par son étendue, ni par sa distribution pittoresque; mais la route qui y conduit est magnifique, et nos petits voyageurs se réjouissaient d'avoir choisi cet endroit pour le but de leur promenade. Arrivés là, ils se mirent à courir et à sauter dans toute la joie de leur âge. Quand ils furent au village de Boulogne, M. Senneval les fit reposer, et profita de ce moment pour leur donner quelque instruction sur les lieux qu'ils parcouraient. « Le bois que nous venons de traverser, leur dit-il, s'appelait autrefois la forêt de Rouvrai. Quelques pieux habitans, revenant d'un pèlerinage à Notre-Dame de Boulogne-sur-Mer, voulurent en conserver le souvenir en faisant bâtir ici une église, sur le modèle de celle qui se trouve dans la ville maritime. Dès-lors ce village, qui s'appelait *Menus*, prit le nom de Boulogne-sur-Seine, et le bois de Rouvrai perdit aussi son ancien nom. Cette église a été long-temps le théâtre de nombreuses conversions qu'opéra, par son éloquence, un cordelier qui revenait de Jérusalem. Le frère Richard déclamait avec tant de force contre le luxe et la dépravation de son siècle, que tout le monde se portait en foule pour l'entendre. Ce brûlant apôtre fit un jour un sermon si pathétique, si entraînant sur les vanités d'ici-bas, que tous les Parisiens qui l'entendirent, animés d'un saint enthousiasme, se saisirent, à leur retour chez eux, des tables de jeu, des cartes, des billards, et les brûlèrent publiquement : les femmes se dépouillèrent avec le même zèle de leurs atours.

» Nous allons maintenant nous promener du côté de Longchamp. — Quelle est l'origine des brillantes promenades qu'on y fait dans la semaine sainte? demanda Félix. — Dans le principe, répondit M. Senneval, on y fut attiré par les voix mélodieuses des actrices de l'Opéra, qui venaient à l'Abbaye chanter les leçons de Jérémie. Bientôt l'église ne fut plus assez vaste pour contenir ceux des habitans de Paris qui s'y rendaient ; alors on se promenait dans le bois ; et l'on a continué de venir s'y promener à cette époque, même depuis que l'abbaye de Longchamp est transformée en une métairie ».

La petite famille revint vers cette jolie maison de plaisance, connue sous le nom de *Bagatelle*, qui appartient aujourd'hui à S. A. R. le duc de Berry. Elle se rendit ensuite vis-à-vis le château de la Muette ; et M. Senneval, qui ne négligeait, dans aucune circonstance, de faire connaître à ses enfans une action noble et généreuse, leur apprit que Louis XVI, en montant sur le trône, signala sa bienfaisance et son amour pour ses sujets, en donnant un édit, rendu dans ce château, par lequel il faisait remise à son peuple du droit qui lui appartenait à cause de son avénement à la couronne.

Les enfans s'assirent en cet endroit sur une jolie pelouse : une marchande de gâteaux vint leur offrir sa corbeille ; et le bon père se fit un plaisir de les régaler. « Mangez peu cependant, leur dit-il, parce que nous allons dîner à la Porte-Maillot; et, tout en nous y rendant, je vais vous conter une petite anecdote arrivée ici à Jean-Jacques Rousseau. Un jour, ce grand homme était venu se promener comme nous en ces lieux : comme nous, il s'était assis sur l'herbe. Une vingtaine de petites filles, conduites par une maîtresse de pension, vinrent les unes s'asseoir, les autres folâtrer auprès de lui. Durant leurs jeux, passa un marchand d'oublies, avec son tambour et son tourniquet, qui cherchait pratique. Rousseau vit bien que les petites filles convoitaient fort les oublies, et deux ou trois d'entre elles, qui apparemment possédaient quelques liards, demandèrent la permission de jouer. Tandis que la maîtresse hésitait, Jean-Jacques appela l'oublieur, et lui dit : Faites tirer toutes ces demoiselles, chacune à son tour, et je vous paierai. Vous pensez bien que ce mot répandit la joie dans toute la bande. Chaque demoiselle fit donc aller le tourniquet, chacune à son tour ; et celles qui amenaient un gros lot sautaient d'aise en recevant la quantité d'oublies. Rousseau dit qu'il s'est toujours rappelé cette agréable soirée, qui lui coûta peut-être trente sous, et où il eut pour plus de cent écus de contentement. C'est que c'était un bien brave homme que ce savant-là ! En son honneur, la première fois que, dans nos promenades, nous rencontrerons un marchand d'oublies, je vous promets de vous faire tirer à sa loterie : nous verrons qui sera le plus heureux d'entre vous ».

L'anecdote qui avait amené cette annonce agréable plut infiniment à la petite famille. Après le repas, on vint encore faire un tour aux environs du Renelagh. Les enfans regardaient de tous côtés ; mais point d'oublieurs ! » Allons, se dirent-ils, ce qui est différé n'est pas perdu ; nous en rencontrerons un quelque jour, et nous avons bonne mémoire ». Ils s'en revinrent au logis sans avoir à regretter l'emploi de cette journée.

VOYAGE AUX PRÉS SAINT-GERVAIS.

« Allons, mes petits amis, dit M. Senneval à ses enfans, encore une promenade aujourd'hui, et puis nous nous reposerons. Pour terminer ces courses champêtres, nous allons diriger nos pas du côté des prés Saint-Gervais : de tous les environs de la capitale, c'est un des plus gais, des plus rians ». Le bon père et sa petite famille prirent par le chemin de Ménil-Montant ; puis de ce village, situé dans une très-belle position, ils gagnèrent le bois de Romainville, à travers quantité de jolis sentiers, bordés d'arbres et de charmilles. « Il faut avouer, dit Auguste, que les environs de la capitale sont en général bien dignes de la superbe ville qu'ils encadrent.— Oui, reprit M. Senneval ; on trouve peu de villes en Europe qui l'emportent à cet égard sur Paris. Remarquez, par ces échappées de vue, les riches moissons qui tapissent cette belle plaine de Saint-Denis, puis ces routes magnifiques, bordées d'ormes antiques : quel coup-d'œil enchanteur » !

En se promenant ainsi, ils descendirent dans les charmans bosquets de lilas des prés Saint-Gervais. « Voyez, dit M. Senneval, si nulle part on peut trouver un terrain d'un aspect plus riche et plus varié que celui-ci. L'œil se repose à-la-fois sur des pièces de blé, des prairies, des légumes, des carrés de fleurs, des arbres à fruit et de haute futaie. C'est vraiment admirable !

Aussi l'homme qui aime un air pur et embaumé, un site varié, et la nature dans sa simple beauté, vient souvent se promener ici ».

Félix aperçut à quelque distance un petit bâtiment comme une espèce de cabane en pierre; il s'informa de ce que c'était. « C'est, répondit M. Senneval, le réservoir le plus ancien de tous ceux qui fournissent de l'eau à la capitale : ici se rassemblent les eaux des diverses sources des environs, et des tuyaux souterrains les conduisent dans différens endroits de la ville. Vous connaissez la belle fontaine du marché des Innocens ? Eh bien ! elle reçoit de l'eau de cette source. Lorsque les cosaques ont débordé par ici, les conduits des eaux de ce canton ont été rompus par suite des événemens de la guerre : si les aqueducs du canal de l'Ourcq n'avaient pas déjà été à même de suppléer à ceux des prés, une partie de la ville de Paris aurait manqué d'eau ».

En arrivant au village des Prés, M. Senneval fit remarquer à ses enfans une maison bourgeoise, où l'on voyait, avant la revolution, le buste de Henri IV au-dessus de la porte, et où l'on assure que ce Roi se rendait quelquefois.

La petite famille fit un repas champêtre à l'*Ile de la Grenade*, maison de traiteur la plus renommée de ce canton ; après quoi ils s'en retournèrent par Belleville, joli bourg, qui porte à juste titre un aussi beau nom. Ils passèrent ensuite dans cette rue fameuse par ses guinguettes, et que l'on nomme *la Courtille*. C'était un lundi, et le lundi est pour cet endroit un second dimanche. L'affluence de peuple qui vient y manger, boire et danser, était considérable ce jour-là : aussi, jusqu'au milieu de la rue se prolongeait ce bruit tumultueux qui permet à peine de s'entendre dans les grandes salles où tout ce monde est rassemblé. Ce qui amusa beaucoup nos petits voyageurs, fut le son discordant des nombreux instrumens de musique que l'on entend sortir de toutes ces maisons à-la-fois.

Les courses de bagues sur des chevaux de bois, les jeux d'arcs, les nombreux balanciers où l'on se fait peser pour deux sous, tout cela donne à cet endroit un air de fête comme aux foires de villages. Les enfans furent très-curieux de connaître chacun leur poids. M. Senneval leur donna cette satisfaction, et l'on rentra ensuite dans Paris. De retour à la maison, Auguste, Félix et la petite Angélique remercièrent leur papa de tous les jolis petits voyages qu'il leur avait fait faire, et ils lui promirent d'étudier avec zèle, afin de mériter qu'il les renouvelât de temps à autre, ainsi qu'il leur en avait donné l'espoir.

FIN.

De l'Imprimerie de CHANSON, rue et maison des Mathurins-Saint-Jacques, n° 10.

www.ingramcontent.com/pod-product-compliance
Lightning Source LLC
LaVergne TN
LVHW021739080426
835510LV00010B/1288